DIE BRIEFE VOM WEIHNACHTSMANN

J. R. R. TOLKIEN

DIE BRIEFE VOM WEIHNACHTSMANN

Herausgegeben von Baillie Tolkien

KLETT·COTTA

Cliff House
near the North Pole.
✳ December 21st ✳
1933.

My dears

Another Christmas! and I almost thought at one time (in November) that there would not be one this year. There would be the 25th of Dec. of course, but nothing from your old great-great-great-etc. grandfather at the North Pole. My pictures tell you part of the story. Goblins. The worst attack we have had for centuries. They have been fearfully wild and angry ever since we took all their stolen toys off them last year & dosed them with green smoke. You remember the Red Gnomes promised to clear all of them out. There was not one to be found in any hole or cave by New Year's day. But I said they would crop up again — in a century or so. They have not waited so long! They must have gathered their nasty friends from mountains all over the world, & been busy all the summer while we were at our sleepiest. This time we had very little warning. Soon after All Saints' Day PB got very restless. He now says he smelt nasty smells — but as usual he did not say anything: he says he did not want to trouble me. He really is a nice old thing, & this time he absolutely saved Christmas. He took to sleeping in the kitchen with his nose towards the cellar-door, opening on the main-stairway down into my big stores.

One night just about Christopher's birthday, I woke up suddenly. There was squeaking and spluttering in the room & a nasty smell — in my own best green & purple room that I had

EINLEITUNG

Für die Kinder von J. R. R. Tolkien war der Weihnachtsmann nicht nur deshalb so besonders wichtig und aufregend, weil er ihnen am Heiligen Abend immer die Strümpfe mit Gaben füllte – er schrieb ihnen auch jedes Jahr einen Brief. Darin erzählte er ihnen mit Worten und Bildern von seinem Haus und seinen Freunden und von all den lustigen oder schlimmen Dingen, die sich am Nordpol ereigneten. Der erste dieser Briefe kam 1920, als John, der Älteste, drei Jahre alt war, und dann folgten im Lauf von zwanzig Jahren, während der ganzen Kinderzeit auch der drei jüngeren Geschwister Michael, Christopher und Priscilla, die Briefe einander regelmäßig zu jedem Weihnachtsfest. Meist fand man den schneebestäubten Umschlag, der die Freimarken der Nordpolpost trug, am Morgen, nachdem der Weihnachtsmann dagewesen war, irgendwo im Haus, manchmal brachte ihn auch der Postbote; und Briefe, die die Kinder selbst an ihn schrieben, verschwanden einfach vom Kamin, wenn gerade niemand im Zimmer war.

Mit der Zeit wurde der Haushalt des Weihnachtsmanns immer größer, und während anfangs von kaum jemand anderem die Rede ist als vom Nordpolarbären, treten später

Schnee-Elfen, Rote Zwerge, Schneemänner, Höhlenbären und auch die beiden Neffen des Polarbären auf, Paksu und Valkotukka, die eines Tages zu Besuch kamen und nie wieder wegwollten. Aber der wichtigste Helfer des Weihnachtsmanns blieb doch der Polarbär – der freilich auch meist daran schuld war, wenn durch irgendein Unheil die Weihnachtsvorräte durcheinandergerieten oder etwas davon fehlte. Hier und da hat er in den Briefen mit steifen Großbuchstaben seine Anmerkungen dazugeschrieben.

Schließlich nahm sich der Weihnachtsmann auch einen Sekretär: einen Elf namens Ilbereth, und in den späteren Briefen spielen Elfen dann eine wichtige Rolle, wenn es darum geht, das Haus und die Vorratskeller gegen Angriffe der bösen Kobolde zu verteidigen.

In diesem Buch können von der zittrigen Handschrift des Weihnachtsmanns und auch von den hübschen Verzierungen auf Briefen und Umschlägen nur wenige Proben gezeigt werden. Aber die Bilder, die er geschickt hat, sind fast alle wiedergegeben, und am Schluß des Buches bringen wir auch das Kobold-Alphabet, das der Polarbär, als er sich einmal in die Höhlen der Kobolde verirrte, aus deren Wandzeichnungen dort sich zusammengereimt hat; und den Brief, den er dann in diesem Alphabet schrieb und den Kindern schickte, zeigen wir Euch auch.

You have been so good in writing to me (& such beautiful letters too), that I have tried to draw you some specially nice pictures this year. At the top of my 'Christmas card' is a picture, imaginary, but more or less as it really is, of me arriving over Oxford. Your house is just about where the three little black points stick up out of the shadows at the right. I am coming from the north you see — & note NOT with 12 pair of deer, as you will see in some books. I usually use 7 pair (14 is such a nice number), & at Christmas, especially if I am hurried, I add my 2 special white ones in front.

1925

Ich habe in diesem Jahr schrecklich viel zu tun – wenn ich daran denke, zittert mir die Hand noch ärger als sonst –, und sehr reich bin ich diesmal auch nicht. Es haben sich nämlich schlimme Dinge ereignet, und von den Gaben sind einige ganz verdorben, und ich habe den Nordpolarbären nicht dazu gekriegt, daß er mir half, und genau vor Weihnachten habe ich auch noch umziehen müssen. Ihr könnt Euch also vorstellen, wie es hier aussieht, und nun wißt Ihr auch, warum ich eine neue Adresse habe.

Das alles kam so: An einem sehr windigen Tag im November wurde mir meine Zipfelmütze vom Kopf geblasen; sie flog davon und blieb an der Spitze des Nordpols hängen. Der Nordpolarbär kletterte, obwohl ich ihm sagte, er solle es bleibenlassen, bis zu der dünnen Spitze hinauf, um die Mütze zu holen – und das hat er auch geschafft. Aber der Nordpolturm ist mitten entzweigebrochen und auf das Dach meines Hauses gefallen, und durch das Loch, das er gemacht hat, fiel der Nordpolarbär ins Eßzimmer, mit meiner Zipfelmütze auf der Nase, und der ganze Schnee fiel vom Dach ins Haus herein und ist geschmolzen und hat sämtliche Feuer ausgelöscht und lief auch in die Keller hinunter, wo ich die Gaben für dieses Jahr zusammengelegt hatte, und der Nordpolarbär hat sich ein Bein gebrochen. Das ist jetzt wieder heil, aber ich habe ihn so ausgeschimpft, daß er sagt, er will mir nie wieder helfen. Ich glaube, er ist ernstlich beleidigt, aber bis zum nächsten Weihnachtsfest gibt sich das wieder. Ich schicke Euch hier ein Bild von dem Unglück und von meinem neuen Haus, das hoch auf den Felsen über dem Nordpol steht (es hat herrliche, tiefe Felsenkeller). Wenn John mein zittriges altes Gekritzel (1925 Jahre alt!) nicht lesen kann, soll er seinen

Vater dransetzen. Wann wird denn Michael lesen lernen und mir auch mal selbst einen Brief schreiben? Alles Liebe Euch beiden und Christopher, der einen richtigen Christfestnamen hat.

1925

The moon laughed

These stars shot~!

this Star went red when Pole snapped

The N.P.Bear with my head and a bit of the roof

N.P. broken

lumps of roof on floor

Me! angry

my new house

windows of new cellars

See where we put up new N.Pole on the old stump joined on with red.

The star gone yellow again

my rindeer can climb up the cliff

my old house

me! busy

1925

1926

In diesem Jahr bin ich noch zittriger als sonst. Schuld ist der Nordpolarbär! Es war der lauteste Knall, den die Welt je gehört hat, und das riesigste Feuerwerk, das es überhaupt gibt. Der Nordpol ist davon richtig SCHWARZ geworden, und alle Sterne wurden durcheinandergeschüttelt. Der Mond ist in vier Stücke zerbrochen, und der Mann-im-Mond ist in meinen Küchengarten gefallen. Er hat erst mal eine ganze Portion von meiner Weihnachts-Schokolade aufgegessen, bis ihm angeblich nicht mehr schlecht war; dann ist er zurückgeklettert, um den Mond wieder zusammenzusetzen und die Sterne aufzuräumen. Danach stellte ich fest, daß die Rentiere sich losgemacht hatten. Sie rannten überall in der Gegend herum, rissen Zügel und Seile los und schleuderten die Geschenkpäckchen durch die Luft. Sie waren ja schon zum Aufbruch bepackt, müßt Ihr wissen – jaja, erst heute morgen ist das alles passiert; es war ein ganzer Schlitten voll Schokoladesachen, die ich immer frühzeitig nach England vorausschicke. Hoffentlich sind Eure Sachen nicht übel zugerichtet. Aber der Nordpolarbär ist doch wirklich ein Dummkopf, findet Ihr nicht? Und es tut ihm kein bißchen leid! Natürlich ist er es gewesen, wer sonst. Erinnert Ihr Euch, daß ich voriges Jahr seinetwegen habe umziehen müssen? Im Keller meines alten Hauses befindet sich aber noch der Hahn, mit dem man das Morgenrot-Feuerwerk anstellen kann. Der Nordpolarbär wußte genau, daß er ihn nie und nimmer anrühren darf. Ich drehe ihn auch nur an ganz besonderen Festtagen, wie zum Beispiel Weihnachten, auf. Polarbär sagt, er habe gedacht, der Hahn sei außer Betrieb, seit wir umgezogen sind – jedenfalls, heute kurz nach dem Frühstück hat er bei der Ruine herumgeschnüffelt (er hebt sich dort immer heimlich etwas zu essen auf) und sämtliche Nordlichter für zwei Jahre auf einmal angedreht. Sowas habt Ihr in Euerm ganzen Leben noch nicht gesehen oder gehört. Ich habe versucht, es zu malen, aber es gelingt mir nicht recht, ich bin noch zu aufgeregt; und Lichter, die immerzu sprudeln wie Brause, kann man ja auch nicht gut malen, nicht wahr?

Alles Liebe von Eurem Weihnachtsmann
1926.

Love from Father Christmas
1926.

1927

Es war so bitterkalt jetzt am Nordpol, daß der Nordpolarbär die meiste Zeit mit Schlafen zugebracht hat, statt sich wie sonst bei den Weihnachtsvorbereitungen nützlich zu machen. Der Nordpolturm ist kälter geworden als alles, was überhaupt in der Welt kalt ist, und als Nordpolarbär mit der Nase dagegenstieß, hat es ihm richtig die Haut abgerissen; deshalb ist auf dem Bild seine Nase mit rotem Flanell verbunden (aber der Verband ist verrutscht). Wieso hat er das bloß gemacht? Ich weiß es nicht, aber er steckt ja immer seine Nase dorthin, wo sie nicht hingehört – zum Beispiel in meine Schränke.

Es ist auch sehr dunkel hier gewesen, seit es Winter wurde. Die Sonne haben wir natürlich drei Monate lang nicht gesehen, aber diesmal gab es ja auch kein Nordlicht – Ihr erinnert Euch doch noch an das schreckliche Unglück im letzten Jahr? Bis Ende 1928 wird es nun kein Nordlicht mehr geben. Der Nordpolarbär hat seinen Vetter, den Großen Bären (mit dem er auch ein bißchen befreundet ist), dazu bewegen können, daß er extra hell für uns scheint, und in dieser Woche habe ich mir dazu einen Kometen gemietet, um Licht beim Packen zu haben. Aber so ganz das Richtige ist es nicht – Ihr seht es an meiner Zeichnung. Der Nordpolarbär ist in diesem Jahr auch nicht vernünftiger geworden: gestern hat er den Schneemann im Garten mit Schneebällen bombardiert und ihn über den Rand des Felsens geschubst, so daß er in meinen Schlitten hineinfiel, der unten stand; eine Menge Sachen sind dabei kaputtgegangen – Schneemann selber auch. Was von ihm übrig war, habe ich zum Teil für mein weißes Bild hier verwendet.

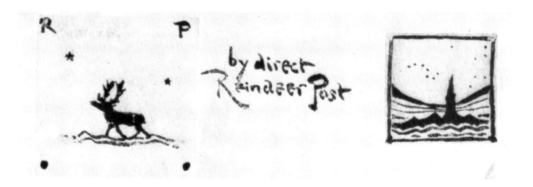

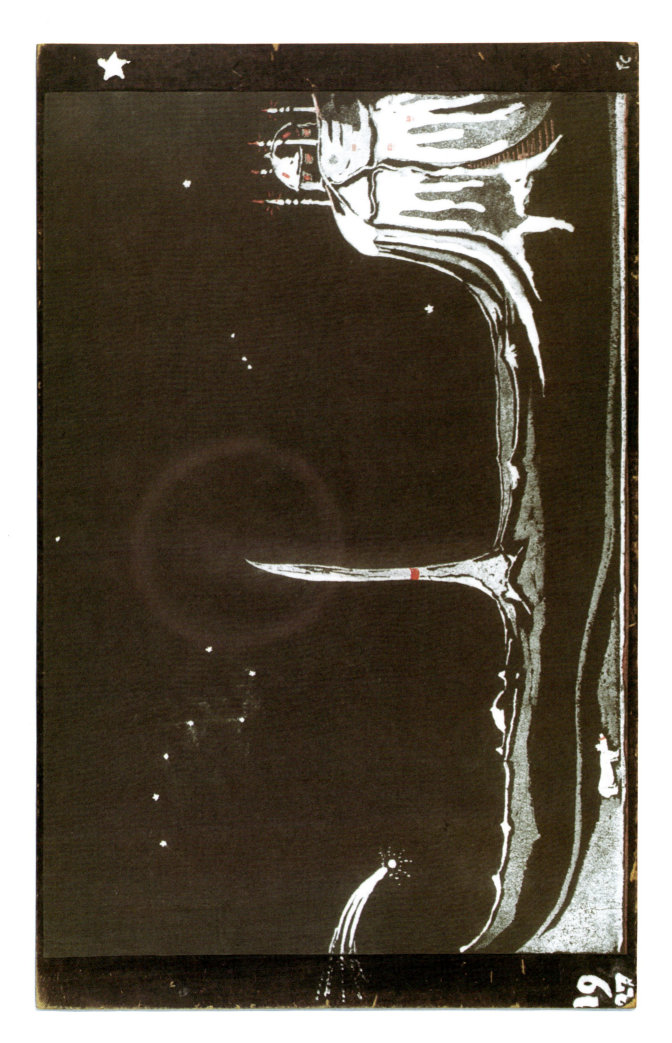

1928

Was, glaubt Ihr wohl, hat der dumme alte Bär diesmal angestellt? Nein, nein, er hat nicht wieder alle Lichter aufgedreht, so schlimm war es nicht. Er ist nur, der Gute, am Donnerstag von oben bis unten die ganze Freitreppe hinuntergefallen. Wir hatten gerade angefangen, die erste Ladung Pakete aus den Lagerräumen in die Halle zu schaffen. Polarbär packte sich, eigensinnig wie immer, einen riesigen Stapel auf den Kopf und lud sich auch noch die Arme voll. Peng, bums und krach! Und dann fürchterliches Geschrei und Geheul. Ich rannte auf den Treppenabsatz hinaus und sah, daß er längelang auf die Nase gefallen war, hinter ihm eine Bahn aus Päckchen, Bündeln, Kugeln und allen möglichen Dingen verstreut über die ganze Treppe – auf einige Sachen war er draufgefallen und hatte sie ganz zerquetscht. Hoffentlich habt Ihr nicht aus Versehen davon welche bekommen. Hier seht Ihr ein Bild von der ganzen Geschichte. Polarbär war ziemlich ungehalten darüber, daß ich das gemalt habe; er sagt, meine Weihnachtsbilder machten sich immer über ihn lustig, und eines Tages will er mal selber eins schicken, von ihm gemalt, auf dem dann ich der Idiot bin. (Aber das bin ich natürlich nie, und er kann auch gar nicht gut genug zeichnen.) Als er sich wieder aufgerappelt hatte, rannte er aus dem Haus und wollte mir nicht aufräumen helfen, weil ich auf der Treppe saß und lachte – ich hatte nämlich festgestellt: Der Schaden war halb so schlimm.

Ich dachte mir auch, Ihr hättet zur Abwechslung sicher gern mal ein Bild davon, wie mein großes neues Haus von INNEN aussieht. Dies ist die Haupthalle unter der ganz großen Kuppel, wo wir immer die fertigen Gabenpäckchen aufstapeln, die dann an den Türen auf die Schlitten geladen werden. Polarbär und ich haben das alles fast ganz allein gebaut und haben auch selber all die blauen und lila Fliesen gelegt. Das Dach und die Geländer sind nicht ganz gerade, aber das macht ja nichts. Die Wandbilder mit den Bäumen und Sternen und Sonnen und Monden darauf sind von mir gemalt.

"Top o' the World"
NORTH POLE
Thursday December 20th
1928

1929

Dies ist wieder ein helles Weihnachtsfest, gottseidank – das Nordlicht war sogar besonders gut. Wir haben (dem Polarbären zu Gefallen) in diesem Jahr auch ein Feuerwerk gemacht, um die Ankunft des Winters zu feiern. Die Schnee-Elfen haben alle Raketen gleichzeitig steigen lassen, was uns beide verblüfft hat. Ich habe versucht, es für Euch zu malen; aber in Wirklichkeit waren es Hunderte von Raketen. Die Elfen könnt Ihr vor dem Schnee-Hintergrund gar nicht sehen. Das Feuerwerk hat ein Loch ins Eis gemacht und den Großen See-hund aufgeweckt, der zufällig genau drunter lag. Später hat der Polarbär 20 000 silberne Wunderkerzen abbrennen lassen – meinen ganzen Vorrat hat er verbraucht! Jetzt wißt Ihr, warum ich Euch keine mehr habe schicken können. Dann fuhr er auf Urlaub (!!), nach Nord-Norwegen, und war dort mit dem Holzfäller Olaf zusammen, und zurückgekommen ist er dann mit dickverbundener Pfote, gerade als die Zeit anfing, in der wir immer so viel zu tun haben.

Es scheint in den Ländern, die ich besonders betreue, zur Zeit mehr Kinder zu geben denn je. Nur gut, daß die Uhren nicht überall auf der Welt dieselbe Zeit anzeigen, sonst würde ich überhaupt nie mehr fertig, obwohl ich, wenn ich meine stärkste Wunderkraft habe – zur Weihnachtszeit –, rund tausend Strümpfe in der Minute schaffen kann, vorausgesetzt, ich habe alles vorher genau geplant. Ihr könnt Euch gar nicht vorstellen, was für riesige Stöße von Listen ich mir anlege. Aber dieses Jahr bin ich doch ziemlich im Druck. Aus meinen Zeichnungen erseht Ihr wohl ungefähr, was passiert ist. Das erste Bild zeigt Euch mein Schreib- und Packzimmer und den Polarbären, wie er Namen vorliest, während ich sie aufschreibe. Wir hatten schreckliche Stürme hier, viel schlimmere als bei Euch, die brüllten wie Teufel und rissen die Schneewolken in Millionen von Fetzen auseinander, und mein Haus wurde bis fast unters Dach zugeweht. Und gerade als es am allerschlimmsten war, erklärt der Polarbär, wir hätten schlechte Luft im Zimmer, und noch bevor ich ihn hindern kann, reißt er an der Nordseite das Fenster auf. Schaut Euch an, was dabei herauskam – nichts weiter, als daß der Nordpolarbär unter Papieren und Listen förmlich begraben wurde; aber er hat bloß gelacht.

1930

Ich habe mich sehr über all Eure Briefe gefreut; hoffentlich machen auch Euch Eure Strümpfe dieses Jahr Freude. Ich habe versucht, das aufzutreiben, was Ihr Euch gewünscht habt. Allerdings waren die Lager in ziemlichem Durcheinander – Ihr müßt nämlich wissen: Der Polarbär war lange krank. Zuerst hatte er den Keuchhusten. Da konnte ich ihn beim Sortieren und Packen, das ja schon im November beginnt, nicht mithelfen lassen, denn es wäre doch schrecklich, wenn eines von meinen Kindern den Polarkeuchhusten finge und dann am Zweiten Weihnachtstag wie ein Bär bellen würde. Also mußte ich bei den Vorbereitungen alles selber machen. Natürlich hat Polarbär getan, was er konnte: während ich mit Packen beschäftigt war, hat er saubergemacht und meinen Schlitten repariert und die Rentiere versorgt. Das wirklich Schlimme passierte dann aber so: Zu Anfang dieses Monats hatten wir einen furchtbaren Schneesturm (über anderthalb Meter hoch lag der Schnee), dem ein übler Nebel folgte. Der arme Polarbär ging hinaus zu den Rentierställen, dabei verlief er sich und wurde im Schnee fast begraben. Ich habe ihn eine ganze Zeit lang gar nicht vermißt und darum nicht nachgeschaut, wo er blieb. Er war vom Keuchhusten her auf der Brust noch nicht ganz in Ordnung, deshalb wurde er daraufhin schrecklich krank und hat noch bis vor drei Tagen im Bett gelegen. So ist alles drunter und drüber gegangen, und meine Posttiere konnte auch niemand mehr richtig versorgen.

Ihr seid gewiß froh, daß es dem Polarbären jetzt wieder besser geht. Am Samstag, als er sich wieder einigermaßen wohl fühlte, hatten wir eine Party mit jungen Polarfüchsen (das sind Polarbärs Neffen) und Schneemännlein – das sind die Söhne der Schneemänner, und die sind ja die einzigen Leute, die hier in der Nähe leben. (Sie sind natürlich nicht aus Schnee *gemacht* – obwohl mein Gärtner, der von ihnen allen der älteste ist, manchmal, statt seinen Namen zu schreiben, einen *gemachten* Schneemann hinmalt.) Gegessen hat Polarbär zum Tee nicht viel, aber als später das große Knallbonbon platzte, hat er seine Decke weggeworfen und einen Luftsprung gemacht, und seitdem ist er kerngesund.

Auf dem oberen Bild seht Ihr Polarbär, wie er, nachdem der Tisch abgeräumt ist, eine Geschichte erzählt. Von den kleinen Bildchen zeigt das eine mich, wie ich Polarbär im Schnee entdecke, und auf dem anderen sitzt Polarbär und hat die Füße in heißem Senfwasser, damit der Schüttelfrost aufhört. Aber der hörte nicht auf, und Polarbär mußte so schrecklich niesen, daß er dabei fünf Kerzen ausblies. Trotz allem, jetzt geht es ihm wieder gut – ich weiß das, weil er schon wieder seine Streiche macht: er streitet mit dem Schneemann (meinem Gärtner) und stupst ihn durch das Dach seines Schneehauses, oder er packt Eisstücke statt Gaben in die Päckchen von Kindern, die nicht artig gewesen sind. Das ist vielleicht eine ganz gute Idee, bloß sagt er es mir nie, und manche Päckchen (mit Eis drin) wurden in warmen Lagerräumen verstaut und sind da geschmolzen, und alles ist in die Gaben für die braven Kinder hineingelaufen!

So, meine Lieben. Es gäbe noch eine Menge zu sagen; ich würde Euch gern von meinem Vater erzählen, dem alten Großpapa Jul, und von meinem Grünen Bruder (der betreut die Länder, wo an Weihnachten Sommer ist), und warum wir beide Nikolaus heißen, nach jenem Heiligen (man feiert ihn am 6. Dezember), der immer heimlich Gaben verteilte und dabei manchmal sogar eine Geldbörse durchs Fenster geworfen hat. Aber ich muß machen, daß ich wegkomme, ich bin schon spät dran und in Sorge, daß Ihr diese Zeilen vielleicht gar nicht mehr pünktlich bekommt.

Party of Snowboys & Polar-cubs to celebrate P.B.'s recovery.

P.B. recovers!

1931

My latest portrait — father Christmas packing
1931. Love to you all. Your loving F.
N.C.

Hier ist das neueste Bild von mir: Weihnachtsmann beim Packen, 1931. Solltet Ihr finden, daß nicht alle Sachen gekommen sind, die Ihr Euch gewünscht hattet, und vielleicht überhaupt nicht ganz so viele wie früher mal, so bedenkt, daß es in dieser Weihnachtszeit auf der ganzen Welt schrecklich viele Menschen gibt, die arm sind und Hunger leiden. Ich habe (wie mein Grüner Bruder) außer Spielsachen auch einiges an Nahrungsmitteln und Kleidung zusammenbringen müssen für all die Kinder, denen ihre Eltern gar nichts geben können, zuweilen nicht mal ein Abendbrot.

Es ist nach wie vor warm hier oben – nicht das, was Ihr »warm« nennen würdet, aber eben warm für den Nordpol, mit nur sehr wenig Schnee. Infolgedessen ist der Polarbär schon die ganze Zeit faul und schläfrig, und beim Packen und bei überhaupt allem, was er tut, trödelt er herum, außer beim Essen – er hat sich in diesem Jahr ein Vergnügen daraus gemacht, von den Paketchen mit Eßsachen alle Sorten einzeln durchzuprobieren (um zu sehen, ob sie auch frisch und gut sind, wie er sagte). Aber das ist das Schlimmste nicht – ich würde ja kaum merken, daß Weihnachten ist, wenn er nicht wieder irgendeinen Blödsinn anstellte. Ihr werdet nie erraten, was er diesmal gemacht hat! Ich hatte ihn in einen meiner Kellerräume hinuntergeschickt – in die Knallkammer, wie wir es nennen –, wo ich Tausende von Schachteln mit Knallbonbons aufbewahre (Ihr müßtet sie mal sehen, Reihen über Reihen, alle mit offenem Deckel, damit man die Farben erkennt). Kurzum, ich brauchte zwanzig Schachteln, und ich hatte gerade mit dem Sortieren von Soldaten und Ackerbaugeräten zu tun, also schickte ich ihn; aber er war so faul, daß er sich Schneemännlein (die dort unten gar keinen Zutritt haben) zum Helfen mitnahm. Die fingen sofort an, Knallbonbons aus den Schachteln zu zerren, und er wollte sie deswegen ohrfeigen (die Schneemännlein, meine ich), aber sie wichen aus, und er stolperte und ließ seine Kerze fallen, genau – puff! – mitten in meine Feuerwerkskörper und die Schachteln mit den Wunderkerzen hinein. Ich hörte oben deutlich den Krach und merkte auch den Brandgeruch in der Halle, und als ich hinuntersauste, sah ich nichts als Qualm und wirbelnde Sterne, und mein alter Polarbär rollte am Boden herum mit zischenden Funken im Pelz; er hat eine ganz kahlgebrannte Stelle am Rücken. Die Schneemännlein brüllten vor Lachen und rannten davon. Es sei ein herrlicher Anblick gewesen, haben sie später gesagt, aber zu meiner Party am Stephanstag werden sie doch nicht eingeladen; sie haben schon mehr als ihr Teil gekriegt.

– Dies alles hat der Polarbär gemalt. Er macht Fortschritte, findet Ihr nicht? Aber die grüne Tinte ist von mir – ob er sie nehmen darf, hat er gar nicht gefragt.

Seit einiger Zeit sind zwei seiner Neffen hier zu Besuch, Paksu und Valkotukka (die Namen bedeuten »Fett« und »Weißhaar«, wie sie mir sagten). Es sind junge Polarfüchse, mit fetten Wänsten, und sehr lustige Burschen; sie stupsen einander dauernd und kugeln am Boden herum. Aber nächstes Mal möchte ich sie doch lieber erst am Zweiten Weihnachtstag hierhaben und nicht ausgerechnet in der Zeit, wenn ich packen muß. Letzte Woche bin ich an einem Tag vierzehnmal über sie gestolpert. Und Valkotukka hat ein Knäuel rote Kordel verschluckt, weil er es für Kuchen gehalten hat, und das hat sich in seinem Bauch abgerollt und verwickelt, und er bekam einen richtigen Stickhusten und konnte nachts nicht schlafen

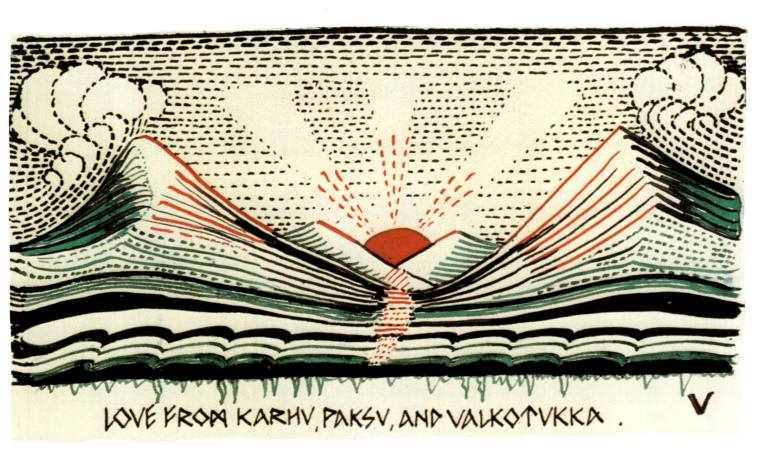

LOVE FROM KARHU, PAKSU, AND VALKOTUKKA .

– aber ich fand, das geschah ihm ganz recht, weil er mir Stechpalmenzweige ins Bett getan hatte. Es war übrigens derselbe kleine Wicht, der gestern auch die ganze schwarze Tinte ins Feuer geschüttet hat – er wollte es Nacht werden lassen; nun, das wurde es auch, und zwar eine Nacht voller Qualm und Gestank. Paksu war letzten Mittwoch den ganzen Tag über verschwunden, und am Donnerstagmorgen fanden wir ihn fest schlafend im Küchenschrank; er hatte zwei ganze Fleischpasteten verputzt, roh. Die Beiden werden einmal genau wie ihr Onkel.

Lebt wohl jetzt. Bald werde ich wieder einmal unterwegs sein. Irgendwelchen Bildern, auf denen Ihr mich am Steuer eines Flugzeugs oder Automobils seht, dürft Ihr nicht glauben. Ich kann diese Dinger nicht lenken, und mir liegt auch gar nichts daran, sie sind ohnehin viel zu langsam (vom Gestank dabei gar nicht zu reden), und kein Vergleich mit meinen Rentieren, die ich ja selbst trainiere. Sie sind dies Jahr alle sehr gut in Form, und meine Postsendungen werden sicher ganz pünktlich eintreffen. Ich habe diesmal für Weihnachten ein paar Jungtiere aus Lappland dazubekommen.

1932

Hier sind viele aufregende Dinge passiert, von denen Ihr sicher etwas erfahren möchtet. Angefangen hat alles mit den komischen unterirdischen Geräuschen, die im Sommer einsetzten und die immer schlimmer geworden sind. Ich hatte schon Angst, es würde zu einem Erdbeben kommen. Der Nordpolarbär sagt, er habe von Anfang an einen Verdacht gehabt. Ich wünschte nur, er hätte mir was davon gesagt; aber es kann sowieso nicht ganz stimmen, denn als es anfing, schlief er fest, und erst so um Michaels Geburtstag*) herum ist er aufge-

* 22. Oktober

wacht. Nun, eines Tages, es muß gegen Ende November gewesen sein, hat er sich zu einem Spaziergang aufgemacht und ist nicht mehr zurückgekommen! Vor ungefähr vierzehn Tagen begann ich mir dann ernstlich Sorgen zu machen, denn letzten Endes ist der gute alte Kerl wirklich eine große Hilfe, trotz allen Mißgeschicken, und es ist ja auch sehr lustig mit ihm. Eines Abends, es war Freitag, der 9. Dezember, bumste und schnüffelte etwas vorn an der Haustür. Ich dachte, er sei wieder da und habe (wie schon so oft) seinen Schlüssel verloren, aber als ich die Tür aufmachte, stand draußen ein anderer, schon sehr alter Bär, er war dick und fett und irgendwie ganz krumm. Tatsächlich war es ein Höhlenbär, der älteste von den wenigen, die es noch gibt, und ich hatte ihn schon jahrhundertelang nicht mehr gesehen.

»Willst du deinen Nordpolarbären wiederhaben?« fragte er. »Wenn ja, dann komm ihn mal lieber holen.«

Es stellte sich heraus, daß Polarbär sich in den Höhlen unweit der Ruine meines alten Hauses (die wohl dem Höhlenbären gehören) verirrt hatte. Wie er sagt, hatte er an einem Hügel ein Loch entdeckt und war, weil es schneite, hineingegangen. Er rutschte einen langen Abhang hinunter, und eine Menge Felsbrocken fielen hinter ihm her, und dann merkte er, daß er nicht mehr zurück und hinausklettern konnte. Aber fast im selben Augenblick witterte er KOBOLDgeruch, da wurde er neugierig und wollte die Sache näher erforschen. Nicht sehr schlau von ihm, denn Kobolde können zwar ihm selbst bekanntlich nichts anhaben, aber ihre Höhlen sind doch sehr gefährlich. Natürlich hatte er sich bald total verlaufen, und die Kobolde löschten all ihre Lichter aus und machten Geräusche und täuschten Echos vor, damit er sich nur ja verirrte.

Kobolde sind für uns so ungefähr das, was für Euch Ratten sind, nur schlimmer, weil sie sehr klug sind, und auch wieder nicht so schlimm, weil es in dieser Gegend nur sehr wenige gibt. Wir dachten schon, es gäbe hier überhaupt keine mehr. Vor langer Zeit haben sie uns einmal schlimm zu schaffen gemacht, das war, glaube ich, so um 1453 herum, aber die Zwerge, die ihre ärgsten Feinde sind, haben uns damals geholfen, sie zu vertreiben. Wie auch immer, jetzt war der arme alte Polarbär mitten in sie hineingeraten, verirrt im Finstern und mutterseelenallein, bis er auf Höhlenbär traf, der ja dort wohnt. Höhlenbär kann recht gut im Dunkeln sehen, und er schlug vor, Polarbär zu seinem privaten Höhlen-Hinterausgang zu führen. Also gingen die beiden zusammen los, aber die Kobolde, wütend und aufgeregt, wie sie waren (Polarbär hatte nämlich ein paar von ihnen, die im Dunkeln an ihn herankamen und ihn knufften, zu Boden gehauen und allen einige grobe Frechheiten ins Gesicht gesagt), brachten ihn vom Weg ab, indem sie Höhlenbärs Stimme nachahmten, die sie natürlich ganz genau kannten. Dadurch geriet Polarbär in ein stockfinsteres Höhlengebiet, wo vielerlei Gänge in verschiedene Richtungen führten, und er verlor Höhlenbär, und Höhlenbär verlor ihn.

»Was wir brauchen, ist Licht«, sagte Höhlenbär zu mir. Also holte ich einige meiner Spezial-Wunderfackeln, die ich manchmal in meinen allertiefsten Kellern benutze, und wir gingen gleich, noch am Abend, hin. Die Höhlen sind eine Pracht. Ich wußte immer, daß es sie gibt, aber nicht, wie viele; und ich hatte keine Ahnung, wie groß sie sind. Die Kobolde verkrochen sich natürlich in die tiefsten Löcher und Winkel, und bald hatten wir Polarbär gefunden. Er war vor Hunger ganz lang und dünn geworden, denn er trieb sich ja schon fast vierzehn Tage da unten herum. Er sagte: »Bald hätte ich mich durch einen Koboldschlitz zwängen können.«

Polarbär selbst staunte nicht schlecht, als ich Licht machte; denn das Besondere an diesen Höhlen ist, daß ihre Wände über und über mit Zeichnungen bedeckt sind: die sind entweder in den Stein geritzt oder mit Rot und Braun und Schwarz aufgemalt. Einige davon sind sehr gut (hauptsächlich die Tierbilder), manche sind eigenartig und manche ganz einfach schlecht, und dazwischen findet man seltsame Zeichen, Symbole und Kritzeleien, von denen einige irgendwie teuflisch aussehen und meiner Meinung nach bestimmt etwas mit Schwarzer Magie zu tun haben. Höhlenbär sagt, diese Höhlen gehörten ihm und hätten ihm, oder seiner Familie, schon seit den Tagen seines Ur-Ur-Ur-Ur-Ur-Ur-Ur-Ur-Ur(mal zehn)-Großvaters gehört, und die Bären hätten als allererste den Einfall gehabt, die Wände zu verzieren, und hätten schon immer an glatten Stellen Bilder in den Stein gekratzt – was auch dazu diente, die Krallen zu schärfen. Dann kam der MENSCH daher – stellt Euch das einmal vor! Höhlenbär sagt, zu einer gewissen, weit zurückliegenden Zeit, als der Nordpol noch anderswo war, habe es sehr viele Menschen gegeben. Das muß lange vor meiner Zeit gewesen sein, denn ich habe Großvater Jul davon nie auch nur etwas erwähnen hören, so daß ich nicht weiß, ob Höhlenbär nicht vielleicht Unsinn redet. Viele der Bilder sollen von diesen Höhlenmenschen gemacht worden sein, und zwar die schönsten, besonders die großen (fast lebensgroßen) Darstellungen von Tieren; einige gibt es mittlerweile schon gar nicht mehr: Drachen zum Beispiel und viele Mammuts. Von den Menschen stammen auch einige der schwarzen Zeichen und Bildsymbole, aber die Kobolde haben überall dazwischengekritzelt. Sie können nicht gut zeichnen, und ohnehin mögen sie verquere und garstige Formen am liebsten.

Ich habe von der Wand der mittleren Haupthöhle eine ganze Seite für Euch abgezeichnet. Es ist vielleicht nicht alles so gut gelungen wie die Originale (die sind ja auch sehr viel größer), ausgenommen das, was von den Kobolden stammt – das ist ja leicht nachzumachen. Unten auf der Seite seht Ihr eine ganze Reihe von Kobold-Bildern nebeneinander – sie müssen sehr alt sein, weil die Koboldkrieger auf DRASILS sitzen: das sind seltsam winzige, nur dackelgroße Pferdewesen, die sie zum Reiten benutzten; aber diese Tiere sind längst ausgestorben. Ich glaube, die Roten Zwerge haben ihnen, so um die Zeit König Eduards des Vierten von England, den Garaus gemacht. Ein paar dieser Geschöpfe seht Ihr auch auf dem Pfeiler in der Mitte meines vorigen Höhlenbildes.

Das behaarte Nilpferd sieht hinterlistig aus, findet Ihr nicht? Auch das Mammut hat etwas Boshaftes in den Augen. Außerdem seht Ihr noch einen Auerochsen, einen Hirsch, einen Eber, einen Höhlenbären (Bildnis des einundsiebzigsten Ahnherrn von unserem Höhlenbären, wie er sagt) und noch einen am Polarkreis vorkommenden Bären, der aber kein richtiger Polarbär ist. Nordpolarbär möchte gern glauben, daß es das Porträt von einem *seiner* Vorfahren sei. Und in der Reihe unter den beiden Bären könnt Ihr sehen, was dabei herauskommt, wenn ein Kobold ein Rentier zu zeichnen versucht!!!

Aber damit, daß ich Polarbär gerettet hatte, waren unsere Abenteuer noch nicht zu Ende. Anfang vergangener Woche gingen wir in die Kellerräume hinunter, um die Sachen für England nach oben zu bringen.

»Hier hat doch jemand was umgeräumt«, sagte ich zu Polarbär. »Paksu und Valkotukka wahrscheinlich«, meinte er. Aber die waren es nicht gewesen. Denn letzten Samstag gingen wir wieder hinunter, und da sahen wir, daß aus dem Hauptkeller so gut wie alles verschwunden war! Stellt Euch vor, wie mir zumute war! Kaum irgendwas zum Verschicken, und nicht mehr genug Zeit, um neue Sachen anzufertigen oder herbeizuschaffen.

Polarbär sagte: »Es riecht stark nach Kobold.« Schließlich fanden wir im Westkeller hinter einigen Packkisten ein großes Loch (aber nicht groß genug für uns), das in einen Tunnel hineinführte. Wie Ihr Euch denken könnt, machten wir uns sofort auf die Suche nach Höhlenbär und gingen also wieder in die Höhlen. Und bald wurde uns klar, was es mit den son-

derbaren Geräuschen auf sich gehabt hatte. Offensichtlich hatten die Kobolde schon vor langer Zeit von ihren Verstecken bis zu meiner alten Wohnung (die nicht weit vom Rande ihrer Berge lag) einen unterirdischen Gang gegraben und eine ganze Menge Sachen gestohlen. Wir fanden einige Dinge, die über hundert Jahre alt waren, und sogar ein paar Päckchen, die waren noch an Eure Urgroßeltern adressiert! Aber die Kobolde sind schlau gewesen und haben Maß gehalten, deshalb hatte ich nie etwas bemerkt. Und seit meinem Umzug müssen sie immerfort gegraben haben, die ganze Strecke bis zu meinem Felsen haben sie sich mit Gerums und Gebums (so leise, wie es irgend ging) vorangewühlt. Schließlich haben sie dann meine neuen Keller erreicht, und der Anblick all der Spielsachen auf einmal ist wohl zuviel für sie gewesen: jetzt nahmen sie alles mit, was sie nur greifen konnten. Bestimmt hatten sie auch immer noch eine Wut auf den Polarbären. Und sie dachten ja auch, wir könnten sie nicht kriegen.

Aber ich habe dann meinen grünen Patent-Leuchtrauch in den Tunnel geleitet, und Polarbär, mit unserem riesigen Küchenblasebalg, hat gepustet und gepustet. Die Kobolde haben bloß noch gebrüllt und sind am anderen Ende (bei der Höhle) hinausgefahren. Aber dort waren schon Rote Zwerge. Die hatte ich eigens kommen lassen – in Norwegen gibt es ja noch ein paar von den ganz alten Zwergenfamilien. Sie haben Hunderte von Kobolden gefangen und viel mehr noch hinausgejagt in den Schnee (den die Kerle nicht ausstehen können). Sie mußten uns zeigen, wo sie unsere Sachen versteckt hatten, oder vielmehr, sie mußten sie alle zurückbringen, und schon am Montag hatten wir praktisch alles wieder. Die Zwerge schlagen sich immer noch mit den Kobolden herum, behaupten aber, bis Neujahr werde kein einziger mehr zu finden sein. Ich bin nicht so sicher – in einem Jahrhundert oder so tauchen die bestimmt wieder auf.

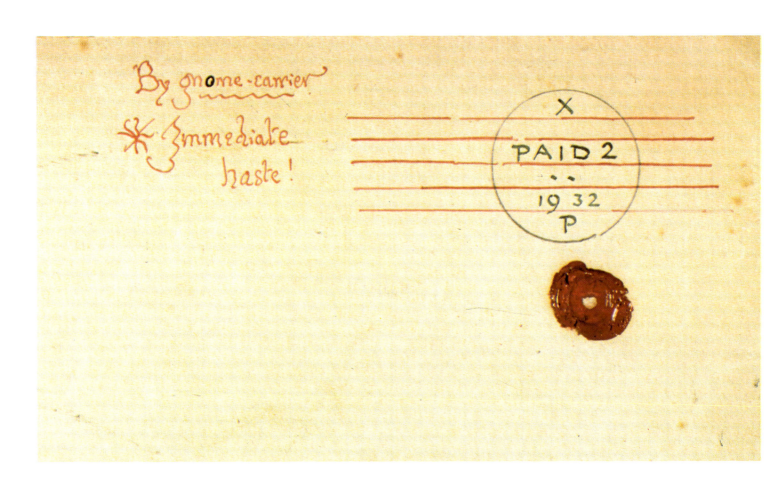

1933

Wieder mal Weihnachten! Und ich habe neulich (im November) schon fast gedacht, es würde in diesem Jahr gar nicht Weihnachten werden. Der 25. Dezember natürlich, der würde kommen, aber nichts von Euerm alten Ur-Ur-Ur-usw.-Großvater am Nordpol. Meine Bilder berichten Euch zum Teil, was hier los war. KOBOLDE! Der schlimmste Überfall, den wir seit JAHRHUNDERTEN hatten. Sie waren ja schon die ganze Zeit schrecklich wütend, weil wir sie voriges Jahr mit grünem Rauch betäubt und ihnen ihr ganzes zusammengestohlenes Spielzeug wieder weggenommen hatten. Ihr wißt doch noch, die Roten Zwerge haben damals versprochen, mit ihnen aufzuräumen, und an Neujahr war auch wirklich nicht ein einziger Kobold mehr zu finden, in keinem Loch und in keiner Höhle. Aber ich habe gleich gesagt, die tauchen wieder auf, wenn auch vielleicht erst in hundert Jahren. Nun, so lange haben sie nicht gewartet! Sie müssen von überall in der Welt ihre üblen Freunde aus den Bergen zusammengetrommelt haben und den ganzen Sommer über am Werk gewesen sein, während wir im tiefsten Schlaf lagen. Diesmal gab es fast gar nichts, was uns gewarnt hätte. PB wurde zwar kurz nach Allerheiligen sehr unruhig; er sagt jetzt, er habe einen unangenehmen Geruch bemerkt, aber wie immer hat er kein Wort davon gesagt – er habe mich nicht aufregen wollen, sagt er. Er ist wirklich ein lieber alter Kerl, und diesmal hat er ganz entschieden das Weihnachtsfest gerettet. Er hat sich nämlich in der Küche schlafen gelegt, mit der Nase zur Kellertür, wo es über die Haupttreppe zu meinem großen Vorratslager hinuntergeht.

Eines Nachts, es war so um Christophers Geburtstag* herum, wurde ich plötzlich wach. Im Zimmer krachte und splitterte das Eis, und es roch ganz abscheulich – denkt nur, in meinem eigenen allerbesten Zimmer, das ich mir ganz in Grün und Dunkelrot wunderschön eingerichtet habe. Auf einmal sah ich am Fenster ein freches kleines Gesicht. Da wurde ich wirklich ganz aufgeregt, denn mein Fenster ist hoch über dem Felsen, und das Gesicht bedeutete, daß sich da Fledermaus-Kobolde herumtrieben – was wir seit der Koboldschlacht im Jahr 1453, von der ich Euch ja berichtet habe, nicht mehr erlebt hatten. Ich war gerade erst richtig wach, als tief unter mir, in den Lagerkellern, ein schreckliches Getöse losbrach. Was ich dann sah, als ich unten ankam (nachdem ich gleich auf der Fußmatte auf einen Kobold getreten war), das wäre zu umständlich zu beschreiben, darum habe ich Euch ein Bild davon zu zeichnen versucht. (WAHREN ABER MINDESTEN TAUSEND KOBOLDE, NICHT BLOHS DIE 15 DA. P.B.) (Aber Ihr könnt ja wohl kaum verlangen, daß ich tausend hinmale!) Polarbär stampfte und trampelte zwischen ihnen herum, kniff und quetschte sie, boxte sie nieder oder schleuderte sie mit Fußtritten hoch in die Luft; dabei brüllte er wie ein ganzer Zoo, und die Kobolde kreischten wie Eisenbahnlokomotiven. Polarbär war einfach großartig. (HAT MIR ABER AUCH GROHSARTIGEN SPAS GEMACHT!) Ja, also, das Ganze ist eine lange Geschichte. Der Kampf dauerte mehr als zwei Wochen, und es sah schon so aus, als würde ich in diesem Jahr meinen Schlitten erst gar nicht mehr anspannen können. Die Kobolde hatten einen Teil der Vorräte in Brand gesteckt und mehrere Zwerge, die zur Sicherheit unten schliefen, gefangengenommen, bis dann Polarbär mit weiteren Zwergen kam und sogleich, noch bevor ich unten war, hundert Kobolde tötete. Als wir das Feuer gelöscht und die Keller und das Haus wieder leer hatten (ich kann mir nicht denken, was sie in meinem Zimmer

* 21. November

gesucht haben, außer daß sie vielleicht mein Bett in Brand stecken wollten), ging der Kampf aber immer noch weiter. Im Mondlicht draußen war der Boden schwarz von Kobolden, als wir hinausschauten, und sie hatten auch meine Ställe aufgebrochen und waren mit den Rentieren auf und davon. Ich mußte Verstärkung anfordern, denn jede Nacht griffen sie wieder an und legten Feuer an meine Vorräte, und es gab mehrere heftige Schlachten, bis wir endlich die Oberhand hatten. Etliche meiner lieben Elfen, fürchte ich, sind dabei verletzt worden. Zum Glück haben wir aber nicht allzu viel verloren, außer meiner besten Kordel (aus Gold und Silber) und Packpapier und den Schachteln für die Stechpalmenzweige. Von denen habe ich nun fast keine mehr, und es mangelt mir auch sehr an Boten. Viele meiner Leute sind immer noch weg (hoffentlich kommen sie heil zurück), um die Kobolde – die, welche am Leben geblieben sind – aus meinem Land zu verjagen. Meine Rentiere sind aber alle gerettet. Es ist also wieder Ordnung hier, wir sind beruhigt und fühlen uns nun viel sicherer. Bestimmt vergehen Jahrhunderte, bis wir wieder Ärger mit Kobolden kriegen. Dank Polarbär und den Zwergen können überhaupt nicht sehr viele übriggeblieben sein. (UND DANK W.M.! KÖNTE ICH DOCH MAHLEN ODER HÄTE ZEIT ES ZU PROBIREN – IHR HABT JA GAR KEINE ANUNG, WAS DER ALTE MANN ALES MACHT, BLIZ UND FEUERWERK UND KANOHNENDONNER!) Polarbär ist wirklich sehr fleißig gewesen und hat geschafft für zwei – aber in der Eile hat er ein paar Mädchensachen mit den Gaben für die Jungen durcheinandergebracht. Wir hoffen, es ist wieder alles richtig sortiert – aber solltet Ihr hören, daß jemand sich eine Lokomotive gewünscht und stattdessen eine Puppe bekommen hat, dann wißt Ihr, wieso. Gerade sagt mir Polarbär,
daß das nicht stimmt:
Wir haben nämlich
doch eine Menge Ei-
senbahnsachen verloren
(darauf sind Kobolde immer
besonders scharf), und was wir davon
zurückbekommen haben, ist beschädigt und
muß neu angemalt werden. Das wird
ein arbeitsreicher Sommer im nächsten Jahr.

Yours ever and annually
Father N. Christmas.

Immer und jedes Jahr Euer
Nik. Weihnachtsmann

1934

Es gibt nicht viel Neues. Nach der schrecklichen Plage voriges Jahr war diesmal im Umkreis von 200 Meilen kein Kobold auch nur zu riechen. Aber, wie ich gesagt habe: Wir hatten bis weit in den Sommer hinein damit zu tun, all die angerichteten Schäden zu reparieren; das hat uns viel Schlaf und Erholung gekostet. Als der November kam, war uns gar nicht nach Arbeit zumute, und wir haben ziemlich getrödelt, und zum Schluß mußten wir dann hetzen. Es war auch bisher ungewöhnlich warm für den Nordpol, und Polarbär muß noch immerzu gähnen.

Schon eine ganze Weile sind Paksu und Valkotukka wieder hier. Sie sind etwas größer geworden, und bisweilen versuchen sie mir zu helfen, aber zwischendurch stellen sie immer noch schrecklichen Blödsinn an. In diesem Jahr haben sie meine Farben gestohlen und bunte Kritzeleien auf die weißen Kellerwände geschmiert; aus den schon fertigen Weihnachtspasteten haben sie die ganze Füllung herausgegessen, und erst gestern haben sie doch tatsächlich die Hälfte der Päckchen aufgemacht, um sich Eisenbahnsachen zum Spielen herauszusuchen! Irgendwie vertragen sie sich gar nicht mit den kleinen Höhlenfüchsen; von denen sind heute mehrere angekommen und wohnen hier, um für ein paar Tage den alten Höhlenbären zu besuchen, der ihr Onkel, Großonkel, Großvater, Urgroßonkel usw. ist. Paksu versetzt ihnen immer Tritte, weil sie dann so komisch quieken und grunzen. Polarbär muß ihm öfters mal eine langen, und wenn Polarbär zulangt, ist das kein Spaß. Da weit und breit keine Kobolde sind, auch kein Wind geht und wir so viel weniger Schnee haben als sonst, wollen wir hier am Zweiten Weihnachtstag eine große Party veranstalten, im Freien. Ich werde 100 Elfen und Rote Zwerge einladen, viele kleine Polar- und Höhlenfüchse und auch Schneemännlein, und natürlich werden auch Paksu und Valkotukka und Polarbär und Höhlenbär mit seinen Neffen (usw.) dabei sein. Wir haben von Norwegen einen Christbaum hierhergeschafft und ihn in einen Teich aus Eis eingepflanzt. Mein Bild gibt Euch keine rechte Vorstellung davon, wie groß er ist und wie wunderschön seine verschiedenfarbigen Wunderlichter sind. Wir haben sie gestern abend einmal ausprobiert, um zu sehen, ob sie auch richtig brennen – siehe Bild. Wenn Ihr im Norden einen hellen Schein am Himmel seht, wißt Ihr, was das ist. Die baum-artigen Dinger im Hintergrund sind Eisblumensträucher und aus Schnee aufgebaute Baumkulissen, als Zierde; sie sind purpurn und schwarz gemalt, weil es dort hinten schattig und dunkel ist. Die bunten Zacken davor sind eine besondere Einfassung für den Eis-Teich, sie bestehen aus echtem farbigem Zuckerwerk. Paksu und Valkotukka knabbern bereits dran herum, obwohl das noch nicht erlaubt ist – erst bei der Party.

Christmas 1934

1935

Keine TINTE diesmal und kein Wasser, also auch keine bunten Bilder; außerdem sehr kalte Hände, daher sehr wacklige Schrift. In diesem Jahr ist es furchtbar kalt; Schnee, Schnee, Schnee – und Eis. Wir sind einfach begraben; einige meiner Boten haben den Weg verloren und sind statt in Schottland auf einmal in Neuschottland angekommen – ich denke, Ihr wißt, wo das ist –, und Polarbär hat nicht nach Hause gefunden.

Hier die Ansicht meines Hauses von voriger Woche: da hatten wir die Rentierschuppen noch nicht freigeschaufelt. Ihr seht den Tunnel, den wir bis zur Haustür anlegen mußten.

Oben spitzen aus Schneelöchern nur drei Fenster heraus, aber Ihr könnt es dampfen sehen, wo von Kuppel und Dach der Schnee etwas abschmilzt.

Sogar Polarbär mußte einen Mantel aus Schafsfell und über den Pfoten rote Fäustlinge tragen.

Ich habe mir eine ganze Anzahl Roter Elfen heranholen müssen, die mir jetzt helfen. Sie sind sehr nett und machen mir viel Spaß; aber obwohl sie sehr flink sind, kommen sie mit der Arbeit doch nur langsam voran, weil sie aus allem ein Spiel machen. Sogar aus dem Schneeschaufeln.

Polarbär sagt, daß wir mit den Kobolden noch nicht fertig sind – trotz den Kämpfen im Jahr 1933. Auf meinen Grund und Boden werden sie sich wohl nicht so bald wagen, aber aus irgend einem Grund rotten sie sich schon wieder

zusammen, und es werden überall in der Welt immer mehr. Ein ganz böses Zeichen. In England gibt es zwar nicht so viele, sagt Polarbär, aber ich bin darauf gefaßt, daß ich bald wieder Ärger mit ihnen bekomme. Ich habe meinen Elfen ein paar neue Funkensprüh-Wunderspeere gegeben, da wird den Wichten schon Hören und Sehen vergehen vor Schreck.

1936

Leider kann ich Euch für Eure Zeilen nicht mit einem langen Brief danken, aber ich schicke Euch hier ein Bild, das Euch vieles erklären wird. Ich hoffe sehr, daß Euch gefällt, was ich bringe, und daß Ihr mir verzeiht, sollte ich irgend etwas verwechselt haben, und hoffentlich ist auch nichts mehr naß! Ich bin immer noch so zittrig und aufgeregt, daß ich einen meiner Elfen hier etwas ausführlicher über die Dinge schreiben lasse.

* * *

Ich bin Ilbereth. Viele von uns, den Roten und Grünen Elfen, wohnen neuerdings ständig im Felsenhaus und sind auf die Packarbeit eingeschult worden. Die Idee stammt von Polarbär. Er sagte: »Ich habe in diesem Jahr Arbeit wie noch nie und muß dem Weihnachtsmann helfen, so gut voranzukommen, daß wir am Weihnachtstag auch selber ein bißchen feiern können.« Wir haben allesamt schwer gearbeitet, und Ihr werdet staunen, wenn ich Euch sage, daß bereits vorigen Samstag (19. Dezember) auch das letzte Paketchen gepackt und numeriert war. Dann sagte Polarbär: »Ich bin vollkommen erledigt. Ich nehme jetzt ein heißes Bad und gehe ins Bett.« Nun, Ihr könnt selber sehen, was dann passiert ist. So gegen zehn Uhr abends warf Weihnachtsmann nochmals einen letzten Blick in den Abfertigungsraum für England, da sah er, daß Wasser durch die Decke floß und alles überschwemmte; schon nach kurzer Zeit stand es fünfzehn Zentimeter hoch über dem Fußboden. Polarbär war einfach ins Bad gestiegen, während beide Hähne noch liefen, und augenblicklich eingeschlafen, mit der einen Hinterpfote genau auf dem Überlauf. Zwei Stunden hatte er so geschlafen, als wir ihn weckten. Weihnachtsmann war diesmal wirklich böse. Aber Polarbär sagte bloß: »Ach, habe ich schön geträumt! Ich bin im Traum von einem schmelzenden Eisberg runtergetaucht und hab' Seehunde gejagt.« Das machte Weihnachtsmann erst recht zornig, aber Polarbär meinte: »Na, dann mal' doch ein Bild davon und frag deine Kinder, ob das etwa kein Spaß ist.« Weihnachtsmann hat dies getan. Und er findet selbst das alles jetzt schon fast spaßig (wenn auch sehr unangenehm), nachdem wir das Durcheinander aufgeräumt und die Gaben für England neu verpackt haben. Gerade noch rechtzeitig.

TIMES

560,783
560,784

A·Merry·Christmas

1937

Leider habe ich in diesem Jahr keine Zeit gehabt, Euch ein Bild zu malen. Ich habe nämlich im November schwere Kisten im Keller hin und her gerückt und mir dabei die Hand verzerrt; so konnte ich erst viel später als sonst ans Briefeschreiben gehen, und meine Hand wird immer noch sehr schnell müde. Aber Ilbereth, der jetzt mein Sekretär ist, hat für Euch ein Bildtagebuch (wie er es nennt) angefertigt. Ich hoffe, Ihr nehmt damit vorlieb.

* * *

Liebe Kinder,
soll ich Euch zu meinen Bildern etwas erzählen? Also: Polarbär und Valkotukka und Paksu sind nach Weihnachten, oder vielmehr nach der Party vom Stephanstag, immer rechte Faulpelze. Weihnachtsmann läutet zum Frühstück, aber vergebens. Ein andermal, als Polarbär wie gewöhnlich nicht rechtzeitig aufstehen wollte, hat ihm Paksu einen mit Eis-Wasser getränkten Badeschwamm ins Gesicht geworfen. Polarbär jagte ihn daraufhin um das ganze Haus und im Garten herum, war ihm dann aber wieder gut, weil er zwar nicht Paksu erwischt, dafür aber einen Riesenhunger bekommen hatte. Gegen Ende des Winters hatten wir schreckliches Wetter und sogar tatsächlich Regen. Wir konnten tagelang nicht vors Haus. Ich habe Polarbär und seine Neffen gezeichnet, wie sie sich dann doch hinauswagten. Paksu und Valkotukka sind immer noch da. Es gefällt ihnen so gut hier, daß sie gebeten haben, doch bleiben zu dürfen. Es war in diesem Jahr viel zu warm am Nordpol. Unten am Felsen hat sich ein großer See gebildet, so daß jetzt der Nordpol auf einer Insel steht. Ich habe eine Ansicht davon gezeichnet, aber nach Süden, deshalb ist der Felsen auf der anderen Seite. Das war etwa um die Mittsommerzeit. Der Nordpolarbär wollte sich durchaus mit einem Boot oder Kanu im Rudern versuchen, aber er ist dabei so oft ins Wasser gefallen, daß die Seehunde meinten, er mache das zum Spaß, und immer wieder unter das Boot schwammen und es umkippten. Aber der Spaß dauerte sowieso nicht lang, denn Anfang August fror das Wasser bereits wieder zu. Da mußten wir auch schon allmählich anfangen, an Weihnachten zu denken. Auf meinem Bild schreibt Weihnachtsmann gerade die verschiedenen Listen aus und teilt mir meine zu – da steht Ihr auch drauf. Nordpolarbär tut natürlich immer so, als ob er alles allein machte, deshalb deutet er auf die Zahlen; aber ich höre in Wirklichkeit nur Weihnachtsmann zu, und meine Ehrenbezeigung gilt ihm, nicht Nordpolarbär.
Den Winteranfang und den Beginn der richtigen „Weihnachtsarbeit" haben wir mit einem herrlichen Feuerwerk gefeiert. Im November fiel ganz dicker Schnee, da bekamen die Elfen und die Schneemännlein ein paar halbe Tage zum Rodeln frei. Die Polarfüchse konnten es nicht so recht, sie fielen immer vom Schlitten, und die meisten rollten oder rutschten dann lieber auf dem eigenen Fell hinunter. Heute ist das Tollste passiert – ich hatte mein Bild schon fertig, sonst hätte ich es anders entworfen. Polarbär durfte im Garten den großen Baum

A diary of 1936 to 1937 by Ilbereth

Nobody wants breakfast *after* Christmas. NPB. P. and V are tired 1936. (and full).

A sponge is useful for waking up N.P.B. but makes him angry.

Late Spring 1937. Thaw and rain. Going for a nice walk to find a lost appetite.

Midsummer. Great hole appears in ice. Seals come out. NPB takes to boating.

Beginning to think of next Christmas. Ilbereth getting orders from F.C.

Celebrating the Coming of Winter. Bonfire party and fireworks.

Tobogganing down from Cliff House. Snowboys have a good time

Today. Dec. 23rd. NPB busy with the tree — before the disaster

Tomorrow. Starting with the first load.

A Merry Christmas 1937

F.C.

schmücken, ganz allein, nur mit einer Leiter versehen. Auf einmal hörten wir schreckliches Ge-
quietsch und Geknurr. Wir sausten hinaus und sahen: Hoch oben im Baum hing Polarbär selber! »Du bist aber kein Christbaumschmuck«, meinte Weihnachtsmann. »Aber ich brenne
doch!« schrie Polarbär. Tatsächlich, er brannte. Wir schleuderten einen Eimer voll Wasser
nach ihm, wodurch eine Menge Baumschmuck verdorben wurde; aber sein Fell war gerettet.
Der alte Dummkopf hatte die Leiter an einen Ast gelehnt (statt gegen den Baumstamm).
Dann hat er wohl gedacht: »Ich will doch mal eben die Kerzen anzünden und sehen, ob sie
auch ordentlich brennen« – obwohl ihm das ausdrücklich verboten worden war. Er stieg also
mit dem brennenden Kerzenanzünder auf die oberste Sprosse der Leiter. In diesem Augenblick brach der Ast, die Leiter rutschte auf dem Schnee weg, Polarbär fiel in den Baum, blieb
an irgend einem Stück Draht hängen, und sein Pelz fing Feuer. Zum Glück war der ziemlich
feucht, sonst hätte er ganz schön gebruzzelt. Ob wohl Polarbärenbraten gut schmeckt? Das
letzte Bild ist bloß erfunden und nicht besonders gut. Aber wenn Polarbär nicht wieder etwas
anstellt, wird es sicher noch wahr. Hoffentlich könnt Ihr meine Schrift lesen. Ich gebe mir
Mühe, so zu schreiben wie unser lieber Weihnachtsmann (nur ohne das Zittern), aber so schön
gelingt es mir nicht. In Elfenschrift kann ich es besser:

So sieht das dann aus – aber Weihnachtsmann sagt, ich würde auch die Elfenschrift viel zu
dünn schreiben, als wären's lauter Spinnenbeine, und Ihr könntet das ja auch gar nicht lesen. Es soll heißen: EIN WUNDERSCHÖNES WEIHNACHTSFEST EUCH ALLEN.

Herzlichst Ilbereth

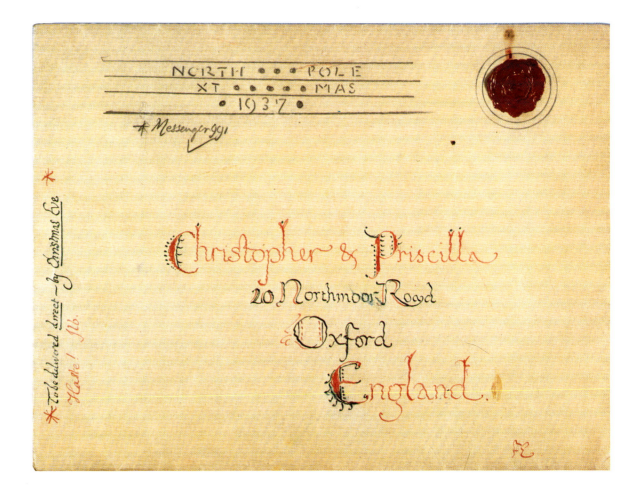

1938

Ihr werdet, Kinder, wohl schon fragen,
was sich am Nordpol zugetragen,
wie alles ging, und ob das Jahr
ein gutes oder schlechtes war.
Auch wie Polarbär, unser Held,
sich diesmal wieder angestellt:
Nun, wiederum nicht immer schlau,
und mehrmals schrie er Ach und Au!
Gleich im November war's ein Draht,*)
den er sich in die Sohle trat;
er konnte nicht mehr richtig stehn
und mußte lang an Krücken gehn.
Dann später im Dezemberfrost
verbrannte er am Küchenrost
sich schwer die Nase und die Pfoten,
weil er, obwohl es ihm verboten,
sich auf dem Herd, dem glühendheißen,
ganz ohne Zange oder Eisen
Kastanien briet – was sagt Ihr nun?
Da half nur, Butter draufzutun
(die beste), gleich ein Pfund war hin.
Dann kam das Pech mit dem Kamin,
der nicht mehr zog (viel Schnee lag drauf).
Polarbär kletterte hinauf
und stieß mit beiden Füßen munter
den ganzen Schnee ins Haus hinunter,
ja mitten in sein eignes Bett
(als ob er's ausgemessen hätt')!
Er stellte mancherlei noch an:
zerbrach Besteck und Porzellan,
aß sich mit Schokolade voll
(was man doch vor dem Fest nie soll),
trat Zinnsoldaten reihenweise
kaputt, verdrehte die Geleise
der Eisenbahn und schmiß beim Laden
mir dauernd Kisten an die Waden.
Er brachte Luftballons zum Platzen,
befummelte mit feuchten Tatzen
die schönsten Schals und Taschentücher,
kniff Eselsohren in die Bücher,
versah mit Krakeln und Geschmier
mein allerfeinstes Briefpapier
und stopfte Gaben, dieser Sünder,
in Päckchen für ganz falsche Kinder.
Doch hat er, wie es seine Art,
an gutem Willen nicht gespart,

dafür muß ich ihn wirklich loben.
Er hat gepackt, geschleppt, gehoben,
ist dauernd hin und her gewetzt
und hat sich kaum einmal gesetzt.
Allein die Kellertreppe trab-
te er geduldig auf und ab
(auch wenn ihm nicht danach zumute)
wohl tausendmal und mehr, der Gute!

---
* STIMT GAHR NICHT, SOLL SICH BLOHS REIMEN! ES WAR EIN NAGEL, AUCH NOCH EIN ROSTIGER!   P. B.

Es grüßen Euch die beiden Racker,
der Paksu und der Vulkotakka
(jetzt hab ich mich verschrieben! Na,
Ihr wißt schon); beide sind noch da,
nicht allzuviel gewachsen zwar,
doch artiger als letztes Jahr,
nicht mehr so außer Rand und Band –
mir scheint, sie kriegen schon Verstand.
Die KOBOLDE in diesem Jahr
sind ausgeblieben. Wunderbar!
Am Pol ward keiner mehr gesichtet.
Doch hat man mir geheim berichtet,
daß sie im Süden unverfroren
schon wieder wild herumrumoren,
durch Höhlen und Kanäle krauchen,
um wohl demnächst hier aufzutauchen.
Doch keine Angst: wenn ich erscheine,
ha ha, bekommen die schon Beine!

WEIHNACHTEN: NACHSCHRIFT VON ILBERETH

Weihnachten ist noch nicht vorüber,
da hat Polarbär schon Bauchweh und Fieber.
Es heißt, er war so auf Nüsse versessen
und hat zwei Pfund samt der Schale gegessen!
Denkt nicht, hier am Pol sei dergleichen Brauch –
Vielfraße gibt es anderswo auch.
Doch im Vertrauen: Der dumme Bär
aß, wild durcheinander, ja noch viel mehr!
Schinken und Truthahn und Obstauflauf
und Essiggurken noch obendrauf,
Plumpudding, türkischen Honig, Lakritz,
mit Sahne, und alles auf einen Sitz.
Gleich danach hat er einen Handstand gemacht –
kein Wunder, daß ihm der Bauch jetzt kracht!

GLAUBT DOCH NICHT
DIESEM ELFENWICHT,
DER TUT SICH JA BLOHS
VOR EUCH GROSS!

MIR GEHT ES GUT,
UND TRUT-
ODER SONST EINEN HAHN
RÜHR' ICH DOCH NIEMALS AN.
ICH MAG NUR, WAS SÜSS IST,
WEIL GANZ GEWISS IST:
ICH BIN SELBER SÜSS!
TSCHÜS!

O je, das sieht ja fast so aus,
als wär' bei uns im Felsenhaus
der allergrößte Krach im Gange!
Nein, nein, Ihr Kinder, schon zu lange
kennt Ihr doch meine Freunde hier:
die streiten nur auf dem Papier.
Es war ein guter Jahreslauf,
in voller Einigkeit, bis auf
Polarbärs Nagel mit dem Rost.
Doch dies Gedicht muß jetzt zur Post;
ein Extrabote steht bereit,
so klappt es grade noch zur Zeit,
daß alle Kinder ihre Gaben
am Weihnachtstag im Strumpfe haben.
Es fällt schon wieder dicker Schnee,
die Uhr zeigt Mitternacht, o weh,
da heißt es aber wirklich eilen
und schnell die Knallbonbons verteilen,
dann wollen wir die Gläser leeren,
Euch und dem Weihnachtsfest zu Ehren.
Lebt wohl, Ihr Kinder überall,
und bleibt uns gut bis nächstes Mal!

LETZTER BRIEF

Ich freue mich, daß Ihr auch in diesem Jahr nicht vergessen habt, mir zu schreiben. Die Zahl der Kinder, die mit mir Verbindung halten, scheint immer kleiner zu werden. Ich hoffe, es liegt nur an diesem schrecklichen Krieg und wird wieder anders werden, wenn der vorbei ist; dann werde ich hoffentlich wieder so viel zu tun haben wie eh und je. Aber zur Zeit haben ja so furchtbar viele Menschen ihr Heim verloren oder sind weggezogen; anscheinend sitzt schon die halbe Welt nicht mehr am richtigen Platz. Und sogar wir hier oben haben Schwierigkeiten gehabt. Damit meine ich nicht nur meine Vorräte; die werden sowieso immer weniger. Schon voriges Jahr wurden sie knapp, und es war mir nicht möglich, sie wieder aufzufüllen, so daß ich jetzt nur das schicken kann, was ich habe, und nicht das, was auf den Wunschzetteln steht. Aber es kommt noch schlimmer.

Ihr wißt sicher noch, daß wir vor ein paar Jahren solchen Ärger mit den Kobolden hatten und daß wir danach glaubten, wir seien sie endgültig los. Nun, diesen Herbst ist die Plage wieder ausgebrochen, und zwar schlimmer als seit Jahrhunderten. Wir hatten mehrere regelrechte Schlachten, und eine ganze Weile wurden wir belagert. Im November sah es schon fast so aus, als würde mein Haus mitsamt all meinem Hab und Gut vom Feind erobert werden, und auf der ganzen Welt müßten die Weihnachtsstrümpfe leer bleiben. Das wäre schlimm gewesen, nicht wahr? Aber es kam anders, was hauptsächlich dem Einsatz von Polarbär zu verdanken ist – trotzdem war es mir erst Anfang dieses Monats möglich, überhaupt Boten auszuschicken! Die Kobolde haben vermutlich gedacht, daß sie jetzt, wo so viel Krieg in der Welt ist, eine prächtige Gelegenheit hätten, sich den Norden zurückzuerobern. Sie müssen sich mehrere Jahre hindurch gerüstet und einen riesigen neuen Tunnel angelegt haben, der viele Meilen entfernt einen Ausgang hat. Bereits Anfang Oktober kamen sie plötzlich zu Tausenden. Polarbär sagt zwar, es sei mindestens eine Million gewesen, aber er hat ja eine Vorliebe für große Zahlen. Außerdem lag er zu der Zeit noch in tiefem Schlaf, aber ganz hellwach war ich selber auch nicht.

Das Wetter war für die Jahreszeit ziemlich warm, und Weihnachten schien noch in weiter Ferne. Es waren nur zwei oder drei Elfen da, und natürlich Paksu und Valkotukka (die ebenfalls fest schliefen). Zum Glück haben Kobolde es so an sich, daß sie unbedingt kreischen und trommeln müssen, wenn sie einen Angriff im Sinn haben; dadurch wurden wir alle rechtzeitig wach und konnten schnell Türen und Gatter verriegeln und die Fensterläden zumachen. Polarbär ging dann aufs Dach und feuerte Raketen in den Koboldhaufen hinein, der auf der breiten Rentier-Auffahrt herangeströmt kam; aber das hielt den Feind nicht lange auf, und bald waren wir umzingelt. Mir fehlt die Zeit, Euch alles im einzelnen zu berichten. Ich mußte dreimal in das große Horn (das Windstoßhorn) blasen. Es hängt immer über dem Kamin in der Halle, und wenn ich Euch noch nie davon erzählt habe, so deshalb, weil ich es seit über vierhundert Jahren nicht mehr habe benutzen müssen. Sein Ton reicht so weit, wie der Nordwind weht. Trotzdem hat es drei ganze Tage gedauert, bis Hilfe kam:

Schneemännlein, Polarbären und viele Hunderte von Elfen. Sie zogen im Rücken der Kobolde auf; und Polarbär (der jetzt richtig hellwach war) stürmte blitzschnell vor, in jeder Vorderpfote einen brennenden Ast aus unserem Feuer. Er muß Dutzende von Kobolden getötet haben (er sagt: eine Million). Aber in der Ebene unterhalb des Nordpols kam es dann im November zu einer großen Schlacht, in der die Kobolde Hunderte von neuen Kampfgruppen aus ihren Gängen und Höhlen zutage brachten. Wir wurden auf unseren Felsen zurückgedrängt, und erst als Polarbär mit einem Trupp seiner jüngeren Verwandten sich bei Nacht hinausschlich und mit annähernd einem Zentner Schießpulver die Eingänge der neuen Tunnels in die Luft sprengte, hatten wir es geschafft – vorläufig. Aber das ganze Material zum Zünden von Raketen und Knallbonbons (die Zünder nämlich) ist für mehrere Jahre hin. Der Nordpol ist durchgebrochen und umgefallen (zum zweiten Mal), und wir hatten noch keine Zeit, ihn zu reparieren. Polarbär ist fast ein Held (ich hoffe nur, er hält sich nicht selbst für einen). Aber er ist ja auch ein Wesen mit großer Zauberkraft, und wenn er wach und in Wut ist, können ihm Kobolde nicht viel anhaben. Ich habe selber gesehen, wie ihre Pfeile von ihm abgeprallt und zerbrochen sind.

So, nun wißt Ihr ungefähr, was sich hier abgespielt hat, und Ihr werdet verstehen, daß ich diesmal keine Zeit hatte, Euch eine Zeichnung zu machen – eigentlich schade, es wären doch so aufregende Dinge zu zeichnen gewesen –, und warum es mir nicht gelungen ist, die üblichen Sachen für Euch zusammenzubringen, ja nicht einmal die paar, die Ihr Euch gewünscht habt . . .

Von nun an werdet Ihr wohl keine Strümpfe mehr für mich aufhängen. So werde ich Euch denn Lebwohl sagen müssen, gewissermaßen – aber vergessen werde ich Euch natürlich nicht. Wir merken uns immer die Namen von unseren alten Freunden, und wir heben auch ihre Briefe auf. Und später einmal, wenn sie erwachsen sind und ein eigenes Haus und selbst Kinder haben, dann werden wir ganz bestimmt wiederkommen; wir freuen uns schon drauf.

Weihnachtsmann

ANHANG

Nur ganz selten kam auch vom Polarbären ein kurzer Brief. Darin hat er einmal verraten, daß er in Wirklichkeit einen Namen hat: Karhu. Seine fehlerhafte Rechtschreibung entschuldigte er damit, daß die Sprache, die man am Nordpol spricht, das Arktische ist. Als ein Beispiel für diese Sprache hat er den Satz »Mara mesta an ni vela tye ento, ya rato nea« niedergeschrieben und ihn so übersetzt: »Auf Wiedersehn bis zum nächsten Mal, hoffentlich ist das schon bald.«

Nach seinem Abenteuer in den Höhlen hat Karhu aus den Koboldzeichen an den Wänden ein Alphabet zusammengestellt und mit diesen Buchstaben ein Briefchen geschrieben; später hat er auf Bitten der Kinder ihnen auch das Alphabet zugeschickt. Hier seht Ihr beides, das Alphabet und den Brief.

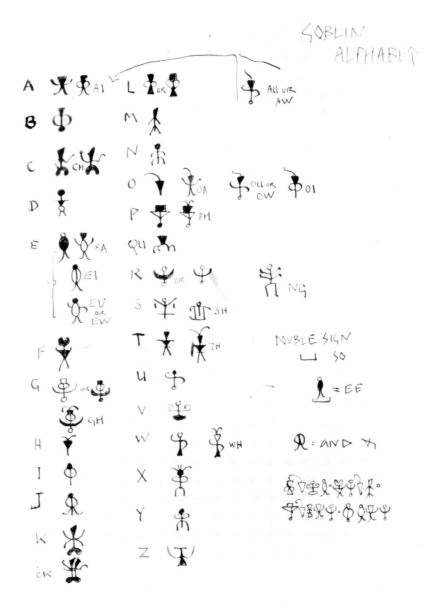

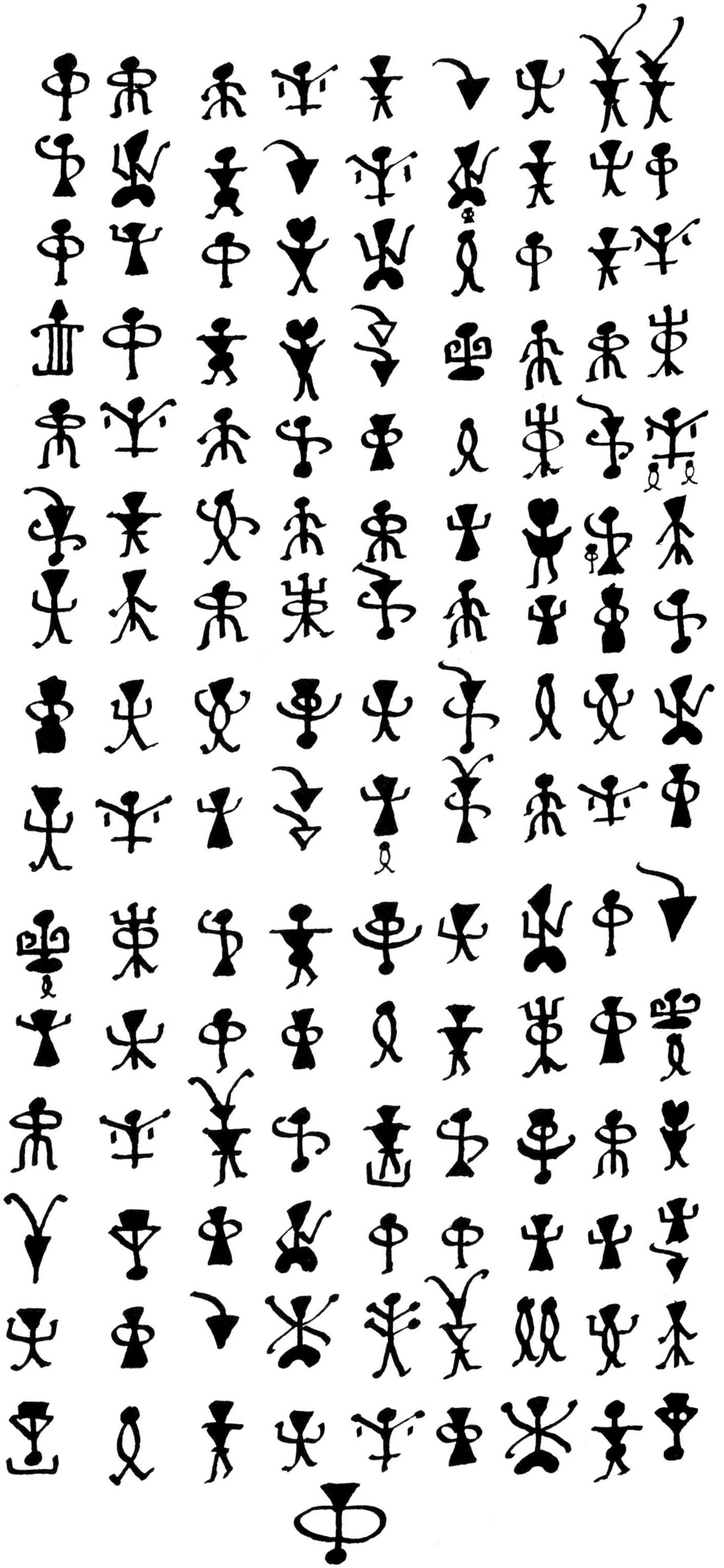

Klett-Cotta
Die Originalausgabe erschien unter dem Titel
„The Father Christmas Letters"
Aus dem Englischen übertragen
von Anja Hegemann
© 1976 by George Allen & Unwin Ltd., London
Published by arrangement with
Harper Collins Publishers Ltd., London
Für die deutsche Ausgabe
© J. G. Cotta'sche Buchhandlung Nachfolger GmbH, gegr. 1659,
Stuttgart 1977
Fotomechanische Wiedergabe nur mit Genehmigung
des Verlages
Printed in Germany
Druck und Einband: Walter Wirtz, Speyer
Sechste Auflage, 1997

Die Deutsche Bibliothek – CIP- Einheitsaufnahme
Tolkien, John R. R.:
Die Briefe vom Weihnachtsmann / J. R. R. Tolkien.
Hrsg. von Baillie Tolkien.
[Aus d. Engl. übertr. von Anja Hegemann].
6. Aufl. – Stuttgart: Klett-Cotta, 1997
Einheitssacht.: The Father Christmas letters <dt.>
ISBN 3-608-95330-2